EN DROPPE BLÄCK

Av Kicki och Gunnar Lidén

Ett dussin russin 2007
Sånger från balkongen 2014
Grekiska Livstycken 2016
Ostmästaren i Poligny 2019

Av Gunnar Lidén

Under tamarisken 2016
Grekisk sallad 2017
Halvt kilo rött 2017
Omvägar hemåt 2017
Körsbärsträdet snöar 2018
Rörlighetens gränser 2019
Återseende 2020
Morgondagar 2021
Jaga katt med Sally och Kajsa 2021
Spår 2022
Mesimeri 2022
Under färgens yta 2023
Uppströms 2023
Hållplatser 2023
Motvikt 2024

© 2025 Gunnar Lidén, texter, teckningar och layout.
Omslag: foto och grafisk form: Gunnar Lidén
Förlag: BoD · Books on Demand, Östermalmstorg 1,
114 42 Stockholm, Sverige, bod@bod.se
Tryck: Libri Plureos GmbH, Friedensallee 273,
22763 Hamburg, Tyskland
ISBN: 978-91-8080-852-1
Kulturstugan, Olsätersgatan 116, 65468 Karlstad
gunnar@kulturstugan.se   www.gunnarliden.se

EN DROPPE BLÄCK

Teckningar och korta texter

Karlstad 2025

GUNNAR LIDÉN

KULTURSTUGAN

Innehåll

Förord

Livet är fullt av små detaljer som förgyller vår vardag och ställer till problem när vi minst behöver det. De stora händelserna ute i den stora världen rullar på och tränger in i oss som ohejdbara godståg. Rälsen ligger där den ligger och vi kan förvänta oss det värsta. Men livet är också fullt av små vardagsnära händelser som inte går på räls. Oväntade ögonblick fyllda med närvaro och värme och omsorg. Vi kan förvänta oss att mycket gott kommer att möta oss på vägen. Det handlar om att ha ögonen öppna och blicken vänd till det hoppfulla. Vardagens detaljer blir alltmer viktiga i tider när den stora världen gungar.

Viktigt är att få syn på små värdefulla händelser som gör livet värt att leva. Dag för dag. Steg för steg. Andetag för andetag.

Karlstad i maj 2025

Gunnar Lidén

Klipporna

September 2024

Klipporna på Skutberget
är vårt lilla Bohuslän
vid det stora Innanhavet.
Vid klart väder kan vi ana
Nordkoster bakom Skoghall.

Gös

Vattnet i sjön har blivit kallare.
Gösen har börjat flytta på sig.
Vi lägger nät i skymningen.
Natten rör sig under ytan.

Hägern

Hägern skakar frosten ur vingarna
och lyfter ljudlöst genom dimman.
Sjön ligger inbäddad i ett vitt duntäcke.

Början

Ett slut är en början.
När utställningen plockas ner
hängs nya idéer upp på spikarna.
Gammalt blir råmaterial för nytt.

Biltema

Oktober 2024

Går in för att köpa ett par åror.
Två fågelholkar och en utelampa
hamnar i vagnen.
Biltema har allt jag inte visste
att jag behövde.

Boktryck

Vi samlar lingon i hink och kokar lingonsylt.
Vi plockar kantareller och steker en pytt.
Vi samlar teckningar i ritblock
och lagar till en bok.

UPS

Varubilar har olika färg och innehåll.
Blå post , gula grejer och svarta lådor.
Julafton redan i oktober
när tomten kommer med paket.
Nu är boken här.

Abborre

En gädda smet vid båtkanten.
Två braxar fick åka tillbaks i sjön.
En stor abborre följde med oss hem till stugan.
Stilig var han. Och stark var han.
Och morgonen över sjön blev ännu vackrare
i soluppgången.

Trafik

Röda torget på Kroppkärr i rusningstid
är ett grekiskt kaos där vi övar tålamod.
Skyddsrum på ena sidan.
Begravningsplats på andra.
Lidl på tredje sidan.
Flyktväg till skogen på fjärde.
Om krisen kommer.

Björn

Vem lufsar där?
En björn tror jag visst att det är.
Sickan hälsar artigt.
En tant fortsätter plocka trattkantareller
i godan ro.

Vernissage

Hängningen är klar.
Höstsalongen på Kristinehamns Konstmuseum
invigs idag.
Värmlands konstförening
arrangerar årets smörgåsbord.

Dans

Tecknaren skriver partituret till dansaren
som visar väg för det svarta kolet.
Samspelet skapar konsten
som föds i dialogen.
Publiken ser helheten ur fågelperspektiv.

Rosentorn

Nu är det rea på klematisar och klätterrosor.
Ner i jorden ska dom.
Upp på ställning vill dom.
Livet ligger samlat i en rotklump.
Därinne finns viljan och kraften.
Vi tillsätter lite jord och vatten,
och hoppas på uppståndelse till våren.

Bussar

Bussarna står och väntar på Västra Bron.
Stan är full av vägarbeten.
Älven rullar trögt under valven.
Allt rör sig långsamt i oktober.

Stjärna

En ny stjärna glittrar på musikerhimlen.
Konstantin Krimmel sjöng
med Wermland Operas orkester
så att vi höll andan
i väntan på nästa vackra ton.

Höst

Hösten stänger dörren till grönskan.
Naturen bromsar och kallnar.
Gräsmattan klipps sista gången
innan snön faller.

Kakor

Makalösa, kolakakor och hallongrottor.
Frågan är om de får vara ifred fram till jul.
Hänglås på frysen är en god idé.

Nattliv

Vissa böcker kan man inte släppa.
Det mörka nattlivet i Boston med Lehane
kräver en extra utelampa på Lorensberg.

Samlaren

Så mycket skräp som vi måste
göra oss av med på något sätt.
Containern blir snabbt full.
Samlaren kollar med sin långa tång
om jag lämnat något av värde.

Parkering

Parkerade bilar blir fler och fler.
På Herrhagen bor det antagligen
fler bilar än människor.
En liten ränna mitt i gatan
för mycket smala fordon.

Röntgen

-Det sätter GDPR-lagen stopp för!
säger röntgenteknikern när jag frågar
om jag får ta en bild av röntgenbilden
på min höftled.
Då ritar jag en teckning i stället.
Ingen kan se att den föreställer mig.

Frost

Innan allting fryser tömmer vi kran och slangar.
Regnmätaren flyttar inomhus och snöskyffeln
letas fram. Nattfrosten är en varning om klara
men korta dagar.

Älg

Älgens framben och två aspar i skogsbrynet
är förvillande lika i dimman.
Aspens krona är större.
Jaktledaren ropar på radion
att vi bryter för dagen.

Löv

Aspelöv och lindelöv och skogen full av nötter.
Nu vävs en matta av gyllene vackerhet.
Vi går andaktsfullt.

Cykelbanan

Oflyt är bara förnamnet på cykelturen.
Domkyrkan med OD fullsatt.
Hockeyarenan med Leksand utsåld.
Klarälven överfull liksom flera vi mötte.
Körde hem.

Fåglar

Nu äter småfåglarna upp sig inför vintern.
Biltemas nötblandning populärast.
Skatan i tujan tycker att talgoxarna
och nötväckorna tjatar för mycket.

Ljusbärare

Bibliska sånger med tonsättningar av Dvorak.
Sånger kring ljusen i höstkvällen.
Vi blir alla ljusbärare i en mörk tid.

Fyra år

Det är svårt att somna
kvällen innan man fyller fyra.
Men det är väldigt lätt att vakna
när man hör några som sjunger
utanför dörren.

Musiken

Musikklassernas höstkonsert på FN-dagen.
Första gången fjärdeklassarna sjunger
på stor scen med övriga elever.
Lyssnar till framtiden.
Det finns hopp om musiken.

Alkohol

Bara en liten flaska alkoholfritt,
när SVT besökte Systemet
för att kolla självskanningen.
Vi andra gick en stor omväg
till manuell betjäning.

Halloween

Vi hoppar upp i taket när det ringer på dörren.
Utanför står små söta otyg och tigger godis.
Vi fyller på i favorithäxans hink
och får ett leende tillbaka.
Ljusglimt i mörkret.

Blommor

Det vackra kan ta fram det goda hos oss.
Så var det i Flowers for Mrs Harris
på Wermland Opera.
Härlig föreställning som rör vid hjärtat.

Nötskrika

Stillheten och tystnaden skärs itu
av ett gallskrik.
Nötskrikan är bara lite extra glad idag.

Julbad

Årets enda varma karbad samlade hela familjen
för att på julafton rensa ut gammellorten
som bastubadet inte rådde på.
Barnen fick tvätta hela kroppen
medan de vuxna städade valda delar.
Tvättvattnet byttes inte på hela dagen.

Dopp i grytan

När brödet torkat och hårdnat
behövde tänderna hjälp att tugga
och blötläggning i skinkspad vid jultid
var både praktiskt och välsmakande.
Dopparedagen var efterlängtad
redan på vikingatiden.

Tomtegröt

Tomten skulle få en belöning
för allt arbete han utfört under året.
Viktigt var att hålla sig väl
med de små hjälparna på gården
som skötte om djur och människor.
Gröten på julnatten är vår tacksamhet
till allt som är mer än oss själva.

Kappkörning

Först hem från julottan
skulle få bäst skörd till sommaren.
Kärringen som ramlade av
fick bli hämtad före frukost.

Julbocken

Gamla seder, som att bära en förklädnad
har varit ett sätt att rubba tillvaron
för att människor ska öppna upp sig
och dela med sig av sina tillgångar.
Gud och Djävulen möts ibland.

Dukat bord

På julbordet skulle flottet drypa,
sillen simma i kryddad lag,
fläsket vältra sig i späck och gelé.
Överflödet som sparats till högtiden
var ett offer till Makterna inför vintern
som skulle ge liv ända till sommaren.

Julotta

Ljuständarna är på plats i kyrkan
strax efter att församlingen har somnat.
Kantorn väcker fingrarna och rösten
medan prästen sover en timme till.
Julottepredikan är redan skriven
sedan tre år tillbaka innan snö föll.

Tights

Kung Karl IX kommer gående på residenstorget
i trånga tights med sitt entourage.
Lilla köpingen Tingvalla
blev stora staden Karlstad.
Bra jobbat.

Drömmar

En egen fåtölj med en egen filt
och egna drömmar som ingen stör.

Framkallning

November 2024

Pausen i teckningskvällen
blir mellanrummet när vi stannar upp
och ser vad vi ritat.
Bilder framkallas på papperet.

Vass

Ut genom vassrännan för sista gången
innan vintern.
Möter sjön, blåsvart och gropig.
Sex månader till april.

Minnesgård

Minnesljusen lyser i mörkret på kyrkogårdarna.
Så länge vi berättar om våra kära,
så länge lever dom.

Sova

Mitt i natten lutar sig katten över ansiktet
och undrar varför det är viktigt att sova
när man kan leka.
Hunden snarkar.

Laddning

Glömde ladda cykeln och tandborsten.
Batteriångesten slog till i handfatet.
Sladden är lång men minnet kort.

Pannkaka

Knäppgöken lägger ägg i andras bon.
Yra höns värper i eget rede.
Men efter nattens resultat
blir det nog pannkaka av alltihop.

Kejsaren

Kejsarens nya kläder är lite för stora
och underkläderna lite för små.
Vi ser det vi vill se.

Rulltrappa

Vägen till konserten går via rulltrappan.
Somliga vet inte när det är dags att kliva av.
De får åka blåljus till sirenmusik.
Fint det också.

Böcker

Mellan raderna fylls sidorna
med minnen och drömmar.
Orden vandrar från bok till bok.
Författare och läsare möts på bokfestivalen.

Sagor

Sagorna hänger i luften
när vi pratar om böcker.
Många berättelser väntar på att bli skrivna.
Utmaningen är att hitta textens början.

Lekkamrater

Man har inte roligare än man gör sig.
Bra att ha vuxna lekkamrater
som vågar vara barnsliga ibland.
Man får glädja sig åt det lilla enkla i tillvaron.

Triss

Trisslotter på Fars Dag
är högrisk för äventyrare
med livlig fantasi.
Smyger tillbaka och köper en till.
Svårt vara anonym på hemmaplan.

Jakt

Kring en brasa i skogen
får vi veta att jakten är igång
och det är klokt att hålla sig ur vägen
för skyttar och älgar.
Helst båda.

Ögon

När ögonen grumlas
går tankarna bakåt i tiden.
Mamma som inte ville ha
glasögon i skolan.
Pappa som limmade ihop bågarna
när de gick sönder.
Min optiker ser allt som jag inte ser.

Gravar

Namn på människor som stigit upp i ljuset.
Stenar som växt fast i jorden
och sakta sjunker.
Livet bär oss en dag i sänder.

Pralin

Livet är som en chokladask,
sa Forrest Gumps mamma.
Du vet aldrig vad som väntar.
Tröst finns i vår butik,
Carli på Järnvägsgatan.

Kompressor

Under sommarstugan lurpassar ispropparna.
Tryckte ut sista vattnet
med kompressor från Biltema.
Vintern kommer på onsdag.

Eken

Den stora eken har rensat.
Blekt ljus fyller kronan.
Under gräsmattan sträcker sig rötterna
hundra år ner i mörkret.

Grop

Staden förändras från dag till dag.
Gropar och högar överallt.
Såren i jordskorpan sys ihop
med armerad betong.

Fågelmat

Talgoxen och blåmesen knackade
på frukostfönstret och frågade
varför vi inte satt upp fågelmataren?
I butiken fanns det många att välja på.
Talgoxen sa inte vilken hen tyckte bäst om.

Rullning

Hundar mår bra i kylan.
Rullar sig i lingonriset.
Vi kanske borde rulla oss i vintergruset.
Hundar visar vägen.

Spår

En skrift i snön, skrev Kristina Lugn.
"En Karlavagn landar hemmavid."
Nysnön berättar att den varit här.

Skinka

Nu är skinkan beställd
hos vännerna på charkbutiken.
Rimmad, inte kokt.
Bäst att vara förberedd en månad till jul.

Eldsjälar

På scouternas tid lärde vi oss att samla
de tunnaste kvistarna under granens kjortel.
Brann som fnöske och var alltid torrt.
Nu kommer eldsjälarna fram ur röken.

Julkort

Försöker rita julkort men det blir bara
det gamla vanliga; skum tomte,
älg med ljus i kronan.
Plastgran från Clas Ohlson
och stuga på kalhygget.
Var är julstämningen?

Lyktor

Regnet äter upp belysningen på promenaden.
Gatlyktorna målar gångvägen
med flak av kallt ledljus.
Trädgårdarna, där ingen går,
lyser som små disneyländer.

Rondell

I Spanien lärde vi oss att köra en Franzénare
i rondellen när vi glömt vart vi skulle.
Varv på varv.
Sedan kör man hem och börjar om.

Grodor

En ball groda dansar aldrig ensam.
Så lärde jag mig gitarrens strängar
av barnbarnet idag.
EBGDAE.

Vaccin

Sköterskan satte en spruta i vardera armen
och sa att jag inte fick tvätta fönster
eller städa på två dagar.
Vaccinerad mot allt.

Tåget

Går som tåget, kommer som ett brev på posten,
säkert som amen i kyrkan.
Allt kommer att bli bra.
Som det var en gång.

Ljus

December 2024

Konsten att stöpa ljus
börjar i 70 graders ljusmassa,
en sträckt veke och rätt tempo i doppningen.
Bivax ger doft och färg.
Inga kopior, bara original.

Stjärnan

Ljuset från Betlehem leder ej bort men hem.
Det landar i lägenhet efter lägenhet.
Tre stjärntydare har portkoden
och söker efter öppna dörrar.

Advent

Högt uppe under taket sitter kantorn
och dirigerar musiken från orgelpallen.
Nere på golvet sjunger vi Otto Olssons Advent.
Kristallkronorna dansar.

Paket

Hårda paket och mjuka klappar.
Tre veckor till julafton
och tomtarna sliter skägget av sig
i verkstaden.

Skumtomtar

Nu har skumtomtarna kommit.
De är sällskapliga av sig.
Trivs hos sega gubbar
med god aptit och bra tänder.

Möss

Musfällorna gillrade med choklad.
Skrämskrikorna laddade i vägguttaget.
Vinterstugan är en fästning mot allt
utom oron.

Utegran

Köpte en billig gran
och slog ner ett jordankare.
Den barrade redan
men hade några grenar kvar.
Pimpade med en massa lampor.
Nu ser den helt naturlig ut.

Tuttul

I Elins bakarstuga i Boda övade vi
att grädda tuttul för många år sedan.
Blev mest trasor.
Nu fick vi tre paket med oss hem.
Hantverket lever vidare.

Koppargruvan

Så länge klockan ringde i Falu Koppargruva,
fortsatte arbetet som vanligt.
Tystnad betydde fara.
Så är det fortfarande.

Nobel

När ska kronprinsessan Victoria
ge kung Carl Gustaf nobelmedalj
för lång och trogen insats i rikets tjänst?

Kockar

Kockarna på nobelmiddagen
skapar små konstverk för alla sinnen.
Rätterna grundas, målas, glaseras,
byggs av kulinariska arkitekter.

Utställning

Utställning i vardagsrummet blir kreativt
men rörigt.
Blandar mina och andras målningar.
Saknar lillstugan vid prästgården.
Ateljé och galleri i ett.

Konstmuseum

Alltid något på gång
i Kristinehamns konstmuseum.
Nu blir det film.
Min leverans av brickor smälter in fint
i shoppen.

Recept

Med bakgrund i Paris kom Doktorns Paté till
Värmland. Cognac och vitlök satte fransk smak.
Nu går receptet vidare till nästa generation.

Gravar

Värmlandsnäs i advent.
Södra Ny kyrka lyser som en lucia
över gravar och stugor.
Nu vilar en vän i evighetens tidsålder.

Konsert

Musikklassernas luciakonsert tillsammans med
Wermland Operas orkester
och tre barnbarn i kören.
Då hänger himlen järnsvart och lyser
så det sprakar.

Skridskor

Trots skrovlig is, slöa skridskor som viker sig.
Trots dåligt ljus och knas i balansen.
Trots allt går det till slut.
Lyckan är total.

Bäver

Nu har bävern fällt en asp
över min väg ner till stranden.
Vi samsas om utrymmet.
Jag sitter löst.

156

Badhus

Inne i biltvätten kom minnet av
badhuset i första klass.
Tanten med borstarna slet skinnet av ryggen.
Badhuset revs sedan.

Spark

Frusna vägar och medar som sjöng.
Snö i drivor och svettig mössa.
Det var vinter så sent som i fjol.

Halvan

Hur länge skall på borden den lilla halvan stå?
Skall snart ej höras orden:
"Låt halvan gå, låt gå."
Det ärvda vikingsinne till bägar'n trår igen,
och helans trogna minne i halvan går igen.

Amaryllis

Opp Amaryllis! Skrev Bellman om sin vän
som han ville ha med på fisketur.
Men idyllen var inte bara oskyldigt vacker.
Blomman vissnar lätt.

Hyacint

När julafton närmade sig kom morbror
med en hyacint planterad i en skottkärra
som kördes av en tomte.
En äkta Heissner.
Undrar vart han tog vägen?

Julafton

Julaftons kväll kom Karin och Georg Ruus,
trötta och glada efter att ha delat ut
hemsnickrade klappar till ensamma och gamla.
Smörgås och dragspel och julen var räddad.

Krubban

Berättelsen om att Gud blir en av oss,
aktualiseras varje jul.
Vi går in i berättelsen.
Några blir stjärntydare som Haris i Náousa,
andra blir snickare som Per i Ulvsby.
Vi blir ett stort vi.

Granen

Den slitna granen har blivit ett privat museum
för julpynt från olika länder och tider.
Överlevt katter, hundar och småbarn.
Minnen är frön för framtiden.

Belysning

Nu tändas tusen jul-led-ljus,
i trakten häromkring.
De lyser upp vart träd och hus,
men kostar ingenting.

Piano

Någon skänkte ett piano.
Höll på att ta död på en snäll bärare i trappan.
Musik är livsavgörande.

Raketer

Raketer och bomber laddas inför nyårsafton.
Hundar, hästar och människor bävar.
Onda minnen vaknar.
Vit flagg hissas.

Drömmar

Drömmar om hus handlar om oss själva.
Stopp i avloppet.
Dörr som går i baklås.
Tak som läcker.
Men vi står upp ett tag till.

Vinden

Det gamla året sorteras och arkiveras
i minnen och lådor.
En del ska gömmas på vinden.
Annat ska glömmas och ge plats åt nytt.

Förändring
Januari 2025

Inbäddad i nyfallen snö
ser vi en värld i förändring.
Den rena ytan gömmer lera och förfall.
Nytt år rymmer stora möjligheter.

När snön har fallit kommer vi ut ur våra
gömslen och pratar om när plogen kommer.
Var snön ska läggas.
Om kommunen har råd med oss i år.

Avlopp

Livet går i stå ibland.
Det blir stopp.
Tacksam för proffs som öppnar och rensar
det som vi andra inte vill se eller ta i.

Snöre

Sprattelgubbe är ett tillstånd
som återkommer med jämna mellanrum.
Någon rycker i ett snöre,
armar och ben börjar röra på sig.
Ortopedkirurgen i Torsby får dra
hur mycket han vill.

178

Stöd

Vi behöver stöd i livet,
både när vi lär oss åka skridskor
och när vi blir äldre och benen krånglar.
Ensam är inte stark.

Powernap

Powernap behövs innan man ska jobba kväll.
Hundfilten blev kvar i fåtöljen.
Meningen med livet kan vara ens bästa vän
som sover bredvid.

182

Grus

Nu fryser blöta trottoarer.
Blå bil slirar fram till postlådan.
Grusbingen på Våxnäs är räddningen.
Alla bär ju inte spikskor i halkan.

Accordeon

Musik kan vara som champagne;
kvillrig, mäktig, omtumlande.
Så var trettondagskonserten
med Wermland Operas orkester.
Accordeonisten och dirigenten
gjorde musiken berusande.

Blötsnö

Plogbilarna gräver sig fram på smalgatorna.
Blötsnö tynger buskar och hundar.
Trafikverket ber oss att stanna hemma
och dra täcket över huvudet.

Snöfritt

En balanskonstnär kom cyklande i blasket.
Smörhalt och knockligt vinglade han fram
mellan isbergen.
Inomhus var det snöfritt.

Flygplats

Gamla flygplatsen är idag padel och golf.
Vi taxade ut på landningsbanans blankis.
Flygledartornet hade inga invändningar.

Post

Av gammal vana kollas lådan varje dag.
Tomt för det mesta.
Postbilen kommer sällan.
Brevbäraren som förr visste allt om alla,
är för dyr i drift.

Skosnöre

När man inte känner tårna
och inte når ner till skosnörena,
då beundrar man fyraåringen
som bara åker och åker
med håret blött av svett.

Ostbågar

Längtan efter ostbågar sveper in
som en hägring i öknen.
Britta på Systemet har säkert ett passande vin.
Oxveckorna är inte att lita på.

Förvaring

Tio år har granen hängt med.
Några grenar mindre varje jul.
Den går ett år till.
Synd att slänga en gammal vän på tippen.
Vi är ju inte ovänner precis.

Ljusbärare

Svartklädda cyklister och fotgängare
korsar vägar utan att se sig för.
Osynligheten har blivit standard.
När slutade vi vara ljusbärare?

Kaffe

Kaffemaskinen beter sig som en gammal präst.
När bönerna sinar går han upp i varv.
Låter som vår gamla Volvo
när gasen hängt sig.

Team

Vilket team jag har!
De ska sätta in ett par reservdelar.
Med häftapparat, limpistol och tejp
så ska det nog gå vägen.
Kanske har de ännu bättre grejer.

Spår

Går morgonfärjan till Hydra
eller blåser det för mycket?
Leonard Cohen bor inte kvar
och Göran Tunström har lämnat ön.
Spåren finns kvar och lockar till havs.

Anfall

Katter känner på sig
vem som inte vill ha besök i knät.
Anfall är bästa försvar, tycker dom
och siktar på den som är räddast.

Parkeringshus

Från parkeringshusets labyrint
hittar inte alla ut igen.
Kortet krånglar och man har glömt
på vilket våningsplan bilen står.
Bussen går hem varje halvtimma.

Brobygge

Brobygget över järnvägen ser ut att bli
ett monument som väcker reslusten.
Men kommer tågen att gå?
Kommer bussarna att rulla?
Och vart tar vägen vägen?

Vårkänning

Den isfria rännan ut från älven
ritar ett svart streck över sjön.
Där hålls sjöfågel och gädda.
En ensam fiskare utan motor
har vårkänning.

Woke

För en labrador är det alltid woke
att läsa nyheterna i snödrivan.
Det kan ha varit en pekingeser
som gjort en pudel.
Snöfallet får oss att tänka om.

Skidskytte

Mjölksyra och hög puls är ingen kul blandning
högt uppe i de italienska alperna.
Tunn luft passar bättre för joddling.

Storm

På natten väcktes vi av stormen.
Bakom rullgardinen står världen kvar
ännu en dag.
Gamla träd och värderingar
har fallit.

Berättelsen

En bortglömd målning väntar på att hittas.
Det oväntade döljer sig under ytan.
Berättelsen vill komma till tals.

Förberedelser

Hur förbereder jag mig för det
som jag inte varit med om tidigare?
Andra bär mig.
Där vilar jag i goda händer.

Operation

Höftledsoperation är inte riskfritt.
Sövning och uppvaknande ger ny insikt
om livets helighet, skörhet och styrka.
Trasigt kan bli helt.
Tacksam för omtanke, uppmuntran och böner.

Rehab

Ut ur sjukhuset och in i verkligheten.
Chark&Deli har en bra trappa att träna på.
Tobias korvar och Lenas ostar är bästa rehab.

Hemma

Fåtölj, fotpall och en filt.
Bok i öronen.
Snäll hund som tvättar tårna.
Skönt att vara hemma.

Hundvakt
Februari 2025

Hundvakten är av blandras med drag
av både labrador och boxer.
Omgiven av skäggiga personligheter
som sätter fart på adrenalinet.

Gåtor

Två hundar och ett korsord
ger begreppet vågrätt ny betydelse.
Man kan ligga raklång länge
och lösa livets gåtor.

Vagabond

Modiga vänner säljer sitt hus
och flyttar permanent in i sin husbil.
Kommer nomaden tillbaka?
Drar vagabonden iväg
och blir hemma överallt?

Oljetanker

Släpa ett ankare genom vardagsrummet
är en ren olyckshändelse.
Fjärrstyrning sker på måfå.
Men var ligger måfå?

Samtal

Sorgen drabbar oss alla
efter skjutningen i Örebro.
Samtal är nödvändigt för att bearbeta känslorna.
Dela oron med någon är livsviktigt.

Sammanhang

Tandsten bör man inte gräva i
när man har fått ny höftled.
Stort avstånd kan man tycka.
Allt hänger ihop med allt.

Stämning

Svårt att finna rätt stämning.
Flera strängar på lyran som vill gå i moll.
Men två gitarrer låter bättre än en.
Vi spelar igenom läxan tillsammans.
Det låter bra.

Dirigent

Maurice Ravel körde ambulans
under första världskriget och skrev musik
som hyllning till stupade kamrater.
Sophie Dervaux dirigerade Wermland Operas
orkester med energi och fransk elegans.

Mjöd

Alla har inte vin i glaset.
Skålar gör man ändå.
Ingen märker skillnaden när kvällen blir sen.
Vem vet om jag har rent mjöd i påsen?

Magnificat

Domkyrkan fylldes av ljus,
när Motettsällskapet sjöng Marias lovsång,
Magnificat av norske tonsättaren
Kim André Arnesen.
Mariamusiken hjälper oss att bejaka livet.

Världen

Två tomma bussar möts
vid Lingonstigens hållplats.
Man kanske skulle ta en tur ut i världen.
Fyrans linje är full av äventyr.

Patiens

Kortleken saknar varningstext på asken.
Patiens räknas inte till spelmissbruk
men är gravt vanebildande
och dämpar ångest.

Överens

En brun och en vit, en trött och en pigg.
En vill framåt, en tillbaka.
En vill hemåt, en vill iväg.
Överens är labradorer bara om mat.

Isfritt

Bär ner mig till sjön, säger ekan,
och skakar av snö.
Nya åror och ränna i älven.
Det blir snart vår, säger jag,
och klappar på kölen.
Måste bli isfritt först.

Surdeg

Den lilla mamman matas med mjöl och vatten
så det börjar jäsa i bunken.
Surdeg är ett levande mirakel som ger av sig själv.
Vi lär oss av naturen och svärdottern.

Amorgos

Munken riktade kikaren ner mot parkeringen
och dukade upp.
Bjöd oss på sprit och godis
i klostret på Amorgos.
Sedan startade jordbävningarna.
Han såg det inte komma.

Isbanan

Femte gången som den lilla isbanan
på Lorensberg spolas.
Idag vill barnbarnet åka utan stöd.
Hon visar mig inomhus hur man gör.
Jag ser och lär.

Hjälpmedel

Hjälpmedelscentralen är ett bra ställe.
Där finns stöd när man inte klarar allt själv.
Återlämnar grejerna med glädje
när de inte längre behövs.

Sårkoll

Efter tre veckor kollar vi
hur det ser ut under plåstret.
Som att öppna paket på julafton.
Innehållet snyggare än omslaget.
Bra sytt!

Badrumsfläkten

Badrumsfläkten låter som en sur katt
med andningsbesvär.
Morrar och fräser åt både mig och elektrikern.
Han tog den i nackskinnet
och låste in den i bilen.

Kroppen

Gymmet är fyllt av mjölksyra och maskiner
som vrider och vänder på armar och ben.
Letar upp muskler som ingen kände till.
Vem byggde denna kropp?
Mythos?

Stödet

När Forrest Gump sprang ur sina stödben,
öppnade sig världen.
Vi lär oss gå flera gånger.
Stödet och reglerna behövs ett tag till
för att klara vägsträckan framför.

Poseidon

Poseidon väntade på Götaplatsen
när vi mötte vår vän från Aten
som ställer ut sin vackra textila konst.
Grekland kom till Göteborg med liv och lust
och havet i armvecket.

Lång

På en bra vernissage träffas
vänner och bekanta över ett glas vin.
Pratnivån är hög och trängseln gör
att man får kämpa lite
för att se en skymt av konsten.
Lång ska man vara.

Lovsång

Vi sjunger en lovsång till brödet - Kristi kropp -
i nattvarden, medan världen skakar.
Ave Verum Corpus.
Oblaten bär smärtan och hoppet i sin bild.

Nyheter

Internetradio fyller luften
med program från hela världen.
Lokalnytt från Kreta eller musik från Senegal.
Rörliga bilder får man göra själv inne
i huvudet.

Hockey

Ibland är man bäst men förlorar ändå.
Livet är inte rättvist.
Ett lag är en motor men ingen maskin.
FBK:s hockeydamer har vittring
på högsta serien
där dom hör hemma.

Järnspis

Vår gamla järnspis står kall och tyst.
Inget som sprakar, det hörs ej ett knyst.
Vedlagret fullt, till vintern det räcker.
Sotaren sa att murstocken läcker.

Hemvärnet
Mars 2025

Katterna tycker det är tråkigt utan familjen.
Hemvärnet serverar mat och sällskap.
Vi är godkända som reserver.

Soptunnan

Vår soptunna har fått stryk i tömningen.
Står upp efter tre års misshandel.
Borde väl vara tacksam
för den hårda behandlingen.
Borde vara tacksam för att
bemötas som skräp.

Gräva

Överallt grävs det.
Ledningar byts och gator stängs av.
Upptäcker nya småvägar mellan husen.
Finner mitt i staden en glänta,
som bara kan hittas av den som gått vilse.
Tack TT

Flöjt

Vinden från Vänern började spela flöjt
i hålen på mina kryckor.
En hund på Skutberget stämde in
och lyfte på benet.
Liten blåsorkester med ljudvågor vid havet.

Inkallning

Lära gammal hund sitta
är inte gjort i en grisblink.
Jag säger: -hit!
Får svart blick till svar: -menar du mig?
-Det har jag aldrig hört förut.
-Kom hit om du vill nåt.

Kylskåpspoesi

När dörren till kylskåpet öppnas,
sitter två trogna stammisar
som vet exakt hur den dörren låter.
Som ljuv musik. Som skön poesi.
Kylskåpspoesi.

Semlor

Någon gång behöver man försvinna in i en semla
och bara vispa runt i grädden. Mandelmassa
håller humöret uppe. Och en pudrad hatt gör
världen vackrare.

Cello

Cellisten Senja Rummukainen
slog knockout på publiken
och Wermland Operas orkester
på Karlstad CCC.
Till och med vindmaskinen gick i taket.

Endorfiner

Har börjat träna på gym.
Maskiner väcker okända muskler till liv.
Snören rullar hit och dit.
Vikter skramlar i sina fästen.
Endorfiner kläcks på löpande band.

277

Holk

Inspirerade av Mellos sångfågel
satte vi upp bostadsrätter i träden.
Fåglarna frågade om det var söderläge.
Då blir det bara bastu i holken.
De släppte en fjäder som handpenning.

Mystik

Glömma sig själv och vara
FN:s generalsekreterare
var Dag Hammarskjölds livsväg.
Förre ärkebiskopen KG Hammar
gjorde oss alla till mystiker.

Altare

På håll såg det ut som en bön vid ett altare.
Men det var en elektriker med skyddsvantar
som skruvade på infrastrukturen.
Det lyser i stugorna som det ska.

Själavård

Själavård och fotvård på samma gång.
Hinner man läsa Se & Hör
får man också andlig spis.
Går med lätta steg ut i snögloppet.

Helikopter

Förr var det spännande när en helikopter
flög lågt över hustaken.
Man vinkade till piloten.
Nu är det någon som snabbt behöver
komma till sjukhus.
Jag har slutat vinka.

Spegelbild

Många nya ansikten på gymmet.
Fick syn på en karl i stora väggspegeln
som jag hejade på.
Det var ju jag i träningskläder.

Gruppfoto

Gruppfoto är vanskligt.
Någon blundar eller gapar eller tittar bort.
Efter hundra bilder brukar nästa bli hyfsat bra.
När det hela är över.

Hästhopp

På 90-talet red vi, hela familjen.
Nu är det barnbarnen som är i stallet.
Det räcker med att se hästen hoppa,
så ramlar jag av.

Ösregnet

Tänk att Olle Adolphson sitter bredvid
i soffan och sjunger "I ösregnet"
så hjärtat blir alldeles varmt.
Vardagslyrik som skimrar.

Soluppgång

En koltrast väcker mig i ottan.
Tycker att jag missar soluppgången.
Jag öppnar ena ögat
medan det andra sover ett tag till.

Vårdoft

Gumman Tö med kvasten har fått sällskap
av Gubben Sop på traktorn.
Våren luktar gammalt vinterdamm.
Cykelbanan doftar tussilago.

Brasa

Björkveden brinner tyst.
Brasan värmer nervsystemet
och hela huset.

Knapplift

Knappliften släpar femåringen uppför berget.
Nu kan hon själv.
Vet hur hon kliver av.
Släpper taget.
Lossar förtöjningarna.
Låter livet styra.

Pelargon

Pelargonerna vaknar efter vintervilan
och skickar ut små gröna antenner.
Får ny jord runt fötterna.
Sjunger på första versen i söderfönstret.

Efterord

Att försöka fånga de små oväntade tillfälligheterna med en bläckpenna innebär att minnet sorterar bland viktigt och oviktigt. Mycket faller bort och något läggs till. Det blir som en skröna; en blandning mellan sant och påhittat. Det är inte ljug och lögn, det är på riktigt. Ofta blir verkligheten mera äkta när det filtrerats genom minnets silduk. Det som blir kvar är det som betyder något.
Så fortsätter ritandet med teckningar om vardagens tillfälligheter.

Om författaren

Gunnar Lidén, född 1950, är värmlänning och bosatt i Karlstad.

Svart-vita teckningar hamnar dagligen i ritblocket. Bläck-pennan ligger bra i handen och bilderna berättar om den vanliga verkligheten som finns nära, runtomkring.
Korta texter åtföljer teckningarna som ett komplement snarare än som förklaring. Text och bild fungerar bäst ihop när det personliga går över i det allmänna,
där igenkänningen blir tydlig.

Gunnar är medlem i Sveriges Författarförbund och Värmländska Författarsällskapet samt Svenska Tecknare och Värmlands Konstnärsförbund.

Mer om Gunnars böcker, bilder och design finns på webbsidan **www.gunnarliden.se**